essentials

essentials liefern aktuelles Wissen in konzentrierter Form. Die Essenz dessen, worauf es als „State-of-the-Art" in der gegenwärtigen Fachdiskussion oder in der Praxis ankommt. *essentials* informieren schnell, unkompliziert und verständlich

- als Einführung in ein aktuelles Thema aus Ihrem Fachgebiet
- als Einstieg in ein für Sie noch unbekanntes Themenfeld
- als Einblick, um zum Thema mitreden zu können

Die Bücher in elektronischer und gedruckter Form bringen das Expertenwissen von Springer-Fachautoren kompakt zur Darstellung. Sie sind besonders für die Nutzung als eBook auf Tablet-PCs, eBook-Readern und Smartphones geeignet. *essentials:* Wissensbausteine aus den Wirtschafts-, Sozial- und Geisteswissenschaften, aus Technik und Naturwissenschaften sowie aus Medizin, Psychologie und Gesundheitsberufen. Von renommierten Autoren aller Springer-Verlagsmarken.

Weitere Bände in dieser Reihe http://www.springer.com/series/13088

Karin Nickenig

Fachbegriffe Rechnungswesen und Steuerrecht

Kaufmännisches Grundvokabular zum schnellen Nachschlagen für Praktiker und Lernende

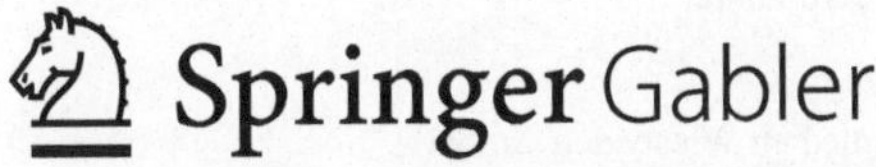

Karin Nickenig
Mülheim-Kärlich
Deutschland

ISSN 2197-6708   ISSN 2197-6716 (electronic)
essentials
ISBN 978-3-658-14823-2   ISBN 978-3-658-14824-9 (eBook)
DOI 10.1007/978-3-658-14824-9

Die Deutsche Nationalbibliothek verzeichnet diese Publikation in der Deutschen Nationalbibliografie;
detaillierte bibliografische Daten sind im Internet über http://dnb.d-nb.de abrufbar.

Springer Gabler

Gedruckt auf säurefreiem und chlorfrei gebleichtem Papier

Springer Gabler ist Teil von Springer Nature
Die eingetragene Gesellschaft ist Springer Fachmedien Wiesbaden GmbH

Was Sie in diesem *essential* finden können

- Wesentliches Fachvokabular für den Bereich Rechnungswesen
- Ausgewähltes Fachvokabular für den Bereich Steuerrecht
- Kurze und einfache Beschreibung wichtiger Fachbegriffe in alphabetischer Reihenfolge

Vorwort

Für das Verständnis des betrieblichen Rechnungswesens und des Steuerrechts ist es grundsätzlich erforderlich, dass einschlägige Fachvokabular und dessen Bedeutung sicher zu verstehen und aktiv zu beherrschen.

Deshalb bietet Ihnen dieses *essential*:

- rasches Auffinden der Suchbegriffe dank der alphabetischen Ordnung
- schnelles Aneignen fachspezifischer Begriffe aus dem Rechnungswesen und dem Steuerrecht
- optionale Vertiefung der Sachthemen anhand einzelner, ausgewählter Gesetzesvorgaben
- souveräne Anwendung der Fachbegriffe in kürzester Zeit. Insbesondere Studierende und Auszubildende profitieren vom sicheren Umgang mit dem Fachvokabular in mündlichen Prüfungen oder Klausuren.

Damit erhalten Lernende, Wiedereinsteiger und Praktiker eine unschätzbare Hilfe für das Übersetzen und die Anwendung dieser speziellen Fachbegriffe.

Die im Folgenden aufgeführten Definitionen sind knapp, verständlich und gut nachvollziehbar angelegt. Beispiele untermauern die manchmal eher trockenen theoretischen Erläuterungen.

Natürlich erhebt diese Publikation aufgrund der Komplexität und Vielfalt der Fachbegriffe keinen Anspruch auf Vollständigkeit.

Über Anregungen, Kritik, und Ihre Ergänzungsvorschläge freue ich mich. Senden Sie Ihre Nachricht einfach per Mail an office@karin-nickenig.com.

Möchten Sie mehr erfahren zu den einzelnen Fachgebieten, die hier nur kurz angerissen werden können? Dann schauen Sie sich gerne mein Seminarangebot zu relevanten Themen aus dem Rechnungswesen und dem Steuerrecht an (www.karin-nickenig.com).

Für Ihre Recherche wünsche ich Ihnen viel Erfolg!

Mülheim-Kärlich, Deutschland
im Juni 2016

Karin Nickenig

Inhaltsverzeichnis

Fachvokabular aus Rechnungswesen und Steuerrecht

Abgaben Zu den *Abgaben* gehören öffentlich erhobene Gebühren, Steuern und Beiträge.

Abgabenordnung Die *Abgabenordnung* (AO) ist ein allgemeines Gesetz, welches auch als Grundgesetz der Steuergesetze bezeichnet wird.

Abgeltungssteuer Die *Abgeltungssteuer* ist eine feste Steuer, z. B. auf Kapitalerträge (§ 32d EStG).

Abzugsteuer Die *Abzugsteuer* ist eine Steuer, welche an der Quelle (Ort der Entstehung der Steuerschuld) erhoben wird. Beispiele: Lohnsteuer, Steuerabzug bei Bauleistungen, Kapitalertragsteuer.

Abschlagszahlung Die *Abschlagszahlung* oder der *Abschlag* ist der Betrag, welcher nach Erbringung einer Teilleistung fällig wird. Sie wird auch als à-conto-Zahlung bezeichnet.

Abschreibung Die *Abschreibung* ist ein Begriff des Handelsrechtes und im Handelsgesetzbuch zu finden (**§ 253 (3) HGB**) [7]. Hiermit wird die Wertminderung z. B. eines Anlagegutes verstanden. Steuerliche Bezeichnung: Absetzung für Abnutzung (AfA).

Absetzung für Abnutzung Die *Absetzung für Abnutzung* ist ein Begriff des Steuerrechtes und in Steuergesetzen zu finden (**§ 7 EStG**) [6]. Sie wird auch kurz als *AfA* bezeichnet. Hiermit wird die Wertminderung z. B. eines Anlagegutes in Verbindung gebracht. Handelsrechtliche Bezeichnung: Abschreibung.

AfA-Satz Der *AfA-Satz* ist ein gesetzlich vorgegebener, prozentualer Wert, der multipliziert wird mit der Bemessungsgrundlage (z. B. Anschaffungskosten), um den jährlichen Abschreibungsbetrag zu ermitteln.

AfA-Tabelle Die *AfA-Tabelle* ist eine Abschreibungstabelle, also eine Auflistung aller abnutzbaren Anlagegüter mit den jeweiligen Nutzungsdauern, die unregelmäßig vom Bundesministerium der Finanzen veröffentlicht wird. Sie ist alphabetisch geordnet.

© Springer Fachmedien Wiesbaden 2016
K. Nickenig, *Fachbegriffe Rechnungswesen und Steuerrecht*, essentials,
DOI 10.1007/978-3-658-14824-9_1

Aktiva Als *Aktiva* bezeichnet man die Vermögensseite (= linke Seite) der Bilanz. Unterteilt wird diese Seite in Anlage- und Umlaufvermögen.

Aktive Rechnungsabgrenzungsposten Als *Aktive Rechnungsabgrenzungsposten (ARAP)* bezeichnet man ein Aktivkonto in der Bilanz, welches zu Zwecken der periodengerechten Abgrenzung gebildet wird. Diesen Posten bezeichnet man auch als transitorischen Posten.

Aktivierung Als *Aktivierung* bezeichnet man den Vorgang, bei dem ein Anlagegut in der Bilanz auf der Vermögensseite (Aktivseite) ausgewiesen wird. Beispiel: Ein Pkw wird für betriebliche Zwecke gekauft und soll für mindestens ein Jahr im Unternehmen verbleiben. Der Ausweis des Fahrzeugs erfolgt unter der Position Fuhrpark im Anlagevermögen.

Aktivierungspflicht Als *Aktivierungspflicht* bezeichnet man die gesetzliche Vorgabe, z. B. ein Anlagegut in der Bilanz auf der Aktivseite auszuweisen. Beispiel: Ein Pkw wird für betriebliche Zwecke gekauft und soll für mindestens ein Jahr im Unternehmen verbleiben. Der Ausweis des Fahrzeugs erfolgt unter der Position Fuhrpark im Anlagevermögen.

Aktivkonto Als *Aktivkonto* bezeichnet man ein Konto auf der Vermögensseite (Aktivseite) der Bilanz. Beispiele: Kasse, Fuhrpark, Warenvorräte.

Aktiv-Passiv-Mehrung Als *Aktiv-Passiv-Mehrung* bezeichnet man eine Wertveränderung innerhalb der Bilanz, welche sowohl auf der Aktiv- als auch auf der Passivseite stattfindet. Die Bilanzsumme nimmt zu (Bilanzverlängerung). Beispiel: Kauf eines Grundstücks auf Ziel.

Aktiv-Passiv-Minderung Als *Aktiv-Passiv-Minderung* bezeichnet man eine Wertveränderung innerhalb der Bilanz, welche sowohl auf der Aktiv- als auch auf der Passivseite stattfindet. Die Bilanzsumme nimmt ab (Bilanzverkürzung). Beispiel: Tilgung eines Darlehens durch Barzahlung.

Aktivtausch Als *Aktivtausch* bezeichnet man eine Wertveränderung innerhalb der Bilanz, welche nur auf der Aktivseite stattfindet. Beispiel: Kauf eines Grundstücks durch Barzahlung.

Anderskosten *Anderskosten* sind Kosten, die im internen Rechnungswesen in einer anderen Höhe berücksichtigt werden als im externen Rechnungswesen (aufwandsungleiche Kosten). Beispiele: kalkulatorische Abschreibung (linear) in der Kostenrechnung (internes Rechnungswesen) und bilanzielle Abschreibung in der Buchführung (externes Rechnungswesen).

Anhang Der *Anhang* ist ein Teil eines Jahresabschlusses einer Kapitalgesellschaft (§ 264 (1) HGB) [28]. Dieser stellt den Erläuterungsbericht zu einer Bilanz und Gewinn- und Verlustrechnung (GuV) dar.

Anlagevermögen Das *Anlagevermögen* (auf der linken Seite der Bilanz) umfasst alle Gegenstände, die am Abschlussstichtag dazu bestimmt sind, dem

Geschäftsbetrieb dauernd, d. h. länger als ein Jahr zu dienen. Beispiele: Betriebs- und Geschäftsausstattung, Grundstücke etc.

Anschaffungskosten Die *Anschaffungskosten* sind gemäß § 255 (1) HGB wie folgt definiert:

„(1) Anschaffungskosten sind die Aufwendungen, die geleistet werden, um einen Vermögensgegenstand zu erwerben und ihn in einen betriebsbereiten Zustand zu versetzen, soweit sie dem Vermögensgegenstand einzeln zugeordnet werden können.[…]" [29].

Anschaffungsnebenkosten Die *Anschaffungsnebenkosten* finden sich ebenfalls im § 255 (1) HGB:

„[…]Zu den Anschaffungskosten gehören auch die Nebenkosten sowie die nachträglichen Anschaffungskosten. Anschaffungspreisminderungen, die dem Vermögensgegenstand einzeln zugeordnet werden können, sind abzusetzen.[…]" [29].

Anschaffungspreisminderungen Zu den Anschaffungspreisminderungen zählen Skonto, Bonus und Rabatt.

Antizipativer Posten lat.: antecipere = vorwegnehmen; Sonstige Forderungen und sonstige Verbindlichkeiten sind antizipative Posten, die der periodengerechten Abgrenzung von Aufwendungen und Erträgen dienen.

Anzahlungen *Anzahlungen* sind Zahlungen im Voraus. Sie werden auch als Vorauskasse bezeichnet. Es wird unterschieden in:

Geleistete Anzahlungen = Zahlungen des Leistungsempfängers vor Inanspruchnahme einer Leistung. Die Zahlungen stellen beim Auftraggeber eine Forderung auf Rückzahlung des Betrages dar, bis das der Leistende die Leistung erbracht hat.

Erhaltene Anzahlungen = Zahlungseingang aufseiten des Leistungserbringers ohne bisher eine Leistung erbracht zu haben. Die Zahlungen stellen beim Leistenden eine Verbindlichkeit dar bis zur Erbringung der vertraglich vereinbarten Leistung.

Aufwand Unter *Aufwand* versteht das Rechnungswesen die Wertminderung eines Unternehmens. Aufwandskonten werden über die Gewinn- und Verlustrechnung abgeschlossen. Beispiel: Der Lieferant schickt dem Unternehmer (Leistungsempfänger) eine Rechnung für eine erbrachte Warenlieferung. Durch den Einkauf und den hiermit verbundenen *Aufwand* findet innerhalb des abnehmenden Unternehmens eine Wertminderung statt, welche sich Gewinn schmälernd auswirkt.

Aufwandskonten *Aufwandskonten* werden in der Gewinn- und Verlustrechnung ausgewiesen und beinhalten die Aufwendungen bzw. den Werteverzehr eines Unternehmens. Sie gehören zur Gruppe der Erfolgskonten. Beispiele: Telefon, Miete, Löhne.

Aufzeichnungspflicht Die *Aufzeichnungspflicht* besteht für Unternehmer, welche nicht buchführungspflichtig sind. Sie erstellen am Ende ihres Geschäftsjahres eine Einnahmen-Überschussrechnung (EÜR).

Ausgaben Unter *Ausgaben* versteht man die Minderung des (Netto-)-Geldvermögens (Zahlungsmittelbestand zuzüglich Forderungen abzüglich Verbindlichkeiten). Beispiel: Unternehmer erhält vom Lieferanten eine Eingangsrechnung für entgeltlich erworbene Ware.

Außenprüfer Ein *Außenprüfer* (Amtsträger) hat die Aufgabe, z. B. eine Betriebsprüfung vorzunehmen.

Außenprüfung Die *Außenprüfung* (auch Betriebsprüfung) ist eine Maßnahme zur Feststellung der steuerlichen Situation innerhalb eines Unternehmens durch einen Außenprüfer.

Aussetzung der Vollziehung Bei der *Aussetzung der Vollziehung* handelt sich um einen Antrag, eine durch Bescheid mitgeteilte Verfügung nicht umzusetzen. Zuvor muss ein Rechtsbehelf (z. B. Einspruch) eingelegt worden sein.

Auszahlungen *Auszahlungen* mindern den Zahlungsmittelbestand, also den Barbestand in der Kasse oder den Bankbestand. Beispiel: Unternehmer zahlt eine Eingangsrechnung (Verbindlichkeit gegenüber Lieferant) per Bank.

Bauabzugssteuer Die *Bauabzugssteuer* ist eine Steuer, welche vom Leistungsempfänger einer Bauleistung einbehalten und für den leistenden Unternehmer angemeldet und abgeführt wird.

Beiträge *Beiträge* werden für allgemeine öffentliche Leistungen gezahlt mit der Option (Möglichkeit), diese Leistung zu nutzen. Eine Verpflichtung zur Inanspruchnahme besteht nicht. Beispiele: Straßenanliegerbeitrag, Kammerbeitrag.

Bekanntgabe Als *Bekanntgabe* bezeichnet man den Zugang z. B. von Steuerbescheiden beim Steuerpflichtigen, damit diese ihre Wirksamkeit entfalten können.

Bemessungsgrundlage *Bemessungsgrundlage* ist ein Basiswert, auf dem z. B. die Umsatzsteuer berechnet wird. Auf dem Gebiet der Umsatzsteuer spricht man dann vom Entgelt.

Beschäftigungsabhängige Kosten *Beschäftigungsabhängige Kosten* werden auch als variable Kosten bezeichnet. Sie sind ein Teil der Gesamtkosten und verändern sich mit der Änderung der Ausbringungsmenge (produzierte Menge).

Beschäftigungsunabhängige Kosten *Beschäftigungsunabhängige Kosten* werden auch als fixe Kosten bezeichnet. Sie sind ein Teil der Gesamtkosten und gelten über einen bestimmten Zeitraum als konstant.

Bescheid Der *Bescheid* ist ein Verwaltungsakt im Sinne des § 118 AO [16], der von einer Behörde erlassen wird zwecks Regelung eines Einzelfalls.

Beschwerde siehe Rechtsbehelf.

Bestandskonten Als *Bestandskonten* (Oberbegriff) bezeichnet man sämtliche Konten in der Bilanz. *Bestandskonten* werden unterschieden in Aktiv- und Passivkonten. Alle Veränderungen von Vermögen und Schulden werden auf diesen Konten ausgewiesen.

Bestandsveränderungskonto Als *Bestandsveränderungskonto* bezeichnet man im Rechnungswesen ein Sammelkonto, welches Mehr- und Minderbestände z. B. der Vorratskonten beinhaltet. Der Betrachtungszeitraum ist z. B. das Wirtschaftsjahr.

Besteuerung Unter *Besteuerung* versteht man die Festsetzung der Steuer mittels Steuerbescheid.

Besteuerungsgrundlagen Die *Besteuerungsgrundlagen* stellen alle Informationen und Belege zu einem steuerlichen Sachverhalt dar, die für die Zwecke der korrekten Besteuerung notwendigerweise vorliegen müssen.

Betriebliches Rechnungswesen Das *Betriebliche Rechnungswesen* beinhaltet sowohl das externe als auch das interne Rechnungswesen. Das externe Rechnungswesen (Buchführung) ist gesetzlich vorgeschrieben, das interne Rechnungswesen (Kosten- und Leistungsrechnung) hingegen größtenteils nicht.

Betriebsausgaben *Betriebsausgaben* sind Ausgaben, welche betrieblich veranlasst sind und im Rahmen der Gewinneinkünfte (Einkommensteuer) subtrahiert werden dürfen (§ 4 (4) EStG) [20].

Betriebseinnahmen *Betriebseinnahmen* sind Einnahmen, welche betrieblich veranlasst sind und im Rahmen der Gewinneinkünfte (Einkommensteuer) zufließen; Umkehrschluss des § 4 (4) EStG [20].

Betriebsprüfer siehe Außenprüfer.

Betriebsprüfung siehe Außenprüfung.

Betriebsvermögen Das *Betriebsvermögen* stellt das unternehmerisch genutzte Vermögen (Wirtschaftsgüter) dar und ist der Gegensatz zum Privatvermögen.

Betriebsvermögensvergleich Der *Betriebsvermögensvergleich* ist eine Gewinnermittlungsmethode, welche für Buch führende Unternehmer von Bedeutung ist. Bekannt ist diese Methode auch als Eigenkapitalvergleich (§ 4 (1) EStG). Es gilt z. B. für buchführungspflichtige Einzelunternehmer: Eigenkapital am Ende eines Wirtschaftsjahres (z. B. 31.12.01) abzüglich Eigenkapital zu Beginn eines Wirtschaftsjahres (z. B. 01.01.01) zuzüglich Privatentnahmen und abzüglich Privateinlagen = Gewinn/Verlust

Bewegungsbilanz Bei einer *Bewegungsbilanz* werden zwei aufeinanderfolgende Bilanzen miteinander verglichen und gegenübergestellt und die Veränderungen von Vermögen und Schulden in der *Bewegungsbilanz* ausgewiesen.

Bilanz Die *Bilanz* (ital. bilancia = Waage) ist eine kurz gefasste Gegenüberstellung aller Vermögenswerte und Schulden eines Unternehmens zum Bilanzstichtag. Sie muss stets ausgeglichen sein. Die *Bilanz* ist eine wichtige Komponente des Jahresabschlusses.

Bilanzanalyse Als *Bilanzanalyse* bezeichnet man die Auswertung der Bilanz z. B. aufgrund von Bilanzkennziffern. Diese Analyse ist von besonderer Bedeutung für die Entscheidungsträger innerhalb eines Unternehmens.

Bilanzierungsgrundsätze *Bilanzierungsgrundsätze* sind (kaufmännische und gesetzliche) Vorgaben, nach der eine Bilanz erstellt werden soll. Beispiele: Grundsatz der Vollständigkeit, Grundsatz der Richtigkeit.

Bilanzrechtsmodernisierungsgesetz Das *Bilanzrechtsmodernisierungsgesetz (BilMoG)* hat das Handelsgesetzbuch (HGB) ab dem Jahr 2010 grundlegend reformiert und modernisiert. Ziel ist u. a. die Internationalisierung nationaler Abschlüsse.

Bilanzverkürzung Als *Bilanzverkürzung* bezeichnet man die Abnahme der Bilanzsumme durch eine Aktiv-Passiv-Minderung. Beispiel: Bartilgung eines Darlehens.

Bilanzverlängerung Als *Bilanzverlängerung* bezeichnet man die Zunahme der Bilanzsumme durch eine Aktiv-Passiv-Mehrung. Beispiel: Kauf eines betrieblichen Grundstücks auf Ziel.

Bonus Als *Bonus* bezeichnet man einen nachträglichen Preisnachlass, welcher nach Durchführung eines Kaufgeschäftes vom Händler gewährt wird.

Buchführung Die *Buchführung* stellt die Erfassung aller betrieblichen Geschäftsvorfälle dar, die Vermögen und Kapital verändern. Beispiel: Kauf einer Maschine auf Ziel.

Buchführungspflicht Die *Buchführungspflicht*erstreckt sich auf die Verpflichtung von Kaufleuten, Bücher zu führen. In der Buchführung werden alle betrieblichen Geschäftsvorfälle erfasst, die Vermögen und/oder Kapital verändern. Man unterscheidet zwischen handelsrechtlicher und steuerlicher Buchführungspflicht. Sie ist geregelt in der AO (§§ 140,141) [8] [9] und im HGB (§ 238) [10].

Buchhalternase Als *Buchhalternase* bezeichnet man eine Sperrlinie, die dazu dient, die leeren Zwischenräume (z. B. in T-Konten) zu füllen, damit diese nicht durch nachträgliche Eintragungen verändert werden können. Heute ist die Buchhalternase eher unüblich, da die vorgenannte Funktion in der Regel durch die EDV übernommen wird.

Buchhaltung Die *Buchhaltung* ist eine Organisationseinheit innerhalb eines Unternehmens.

Buchungssatz Mithilfe des *Buchungssatzes* wird im Rahmen der Buchführung ein Geschäftsvorfall erfasst. Dieser besteht mindestens aus 2 Konten, wobei ein Konto im Soll und eines im Haben gebucht wird. Es gilt die Regel **Soll an Haben.** Beispiel: Bank an Darlehen 50.000,00 EUR (Geschäftsvorfall: Darlehensaufnahme in Höhe von 50.000,00 EUR bei gleichzeitiger Gutschrift auf dem betrieblichen Girokonto).

Debitor Der *Debitor* ist ein anderer Begriff (Synonym) für Kunde.

Debitorischer Kreditor Als *debitorischen Kreditor* bezeichnet man den Lieferanten, der eine Doppelzahlung erhalten hat (Forderung = Anspruch auf Rückzahlung des überzahlten Rechnungsbetrages).

Deckungsbeitrag Der *Deckungsbeitrag* wird häufig zur Entscheidungsfindung hinsichtlich des optimalen Produktionsprogramms herangezogen. Ermittelt wird diese Größe, indem von den Erlösen die variablen Kosten subtrahiert werden.

Degressive AfA Die *degressive AfA* (auch Restwert-AfA) ist eine Abschreibungsmethode, bei der die Wertminderung des abnutzbaren Anlagegutes in fallenden Beträgen erfolgt. Steuerlich wurde diese Form der Abschreibung ab dem 01.01.2011 abgeschafft.

Doppik Der Begriff *Doppik* ist eine Abkürzung und steht für „Doppelte Buchführung in Konten".

e-Bilanz Die *e-Bilanz* ist eine in elektronischer Form an die Finanzbehörde übermittelte Bilanz (elektronische Bilanz).

Eigenbeleg Der *Eigenbeleg* ist ein Beleg, welcher durch den Unternehmer selbst ausgestellt wird. Dies findet man z. B. in den Situationen, wo der Originalbeleg nicht vorliegt und evtl. auch nicht mehr vom Aussteller angefordert werden kann.

Eigenkapital Das *Eigenkapital* ist das Kapital des Unternehmens, welches sich als Saldo aus Vermögen abzüglich Schulden ergibt. Es steht dem Unternehmen in der Regel unbefristet oder langfristig zur Verfügung.

Eigenverbrauch Der *Eigenverbrauch* ist ein antiquierter Begriff, welcher heute durch die „Unentgeltliche Wertabgabe" ersetzt wird. Hierunter versteht man die unentgeltliche Entnahme von Gütern und Dienstleistungen durch den Unternehmer aus dem eigenen Unternehmen für außerbetriebliche (private Zwecke). Der *Eigenverbrauch* unterliegt der Versteuerung (z. B. Umsatzsteuer, Einkommensteuer). Beispiel: Unternehmer nutzt seinen Pkw im Betriebsvermögen auch für private Zwecke.

Einkommensteuer Unter der *Einkommensteuer* (Ertragsteuer) versteht das Steuerrecht eine direkte Steuer, die vom Steuerpflichtigen (natürliche Person) selbst wirtschaftlich getragen wird. Sie gehört zur Gruppe der Gemeinschaftssteuern.

Einkünfte Als *Einkünfte* bezeichnet man im Rahmen der Einkommensteuer das Ergebnis aus Einnahmen abzüglich Werbungskosten (Überschusseinkünfte). Im Rahmen der Gewinneinkünfte werden die Ergebnisse mit Hilfe von Gewinnermittlungsmethoden (z. B. Einnahmen-Überschuss-Rechnung oder Betriebsvermögensvergleich) ermittelt.

Einnahmen Unter *Einnahmen* versteht man die Erhöhung des (Netto-)-Geldvermögens (Zahlungsmittelbestand zuzüglich Forderungen abzüglich Verbindlichkeiten). Beispiel: Unternehmer schreibt dem Kunden eine (Ausgangs-)-Rechnung für eine erbrachte Dienstleistung.

Einnahmen-Überschuss-Rechnung auch: 4/3er-Rechnung, da Regelung in § 4 (3) EStG [20]. Die *Einnahmen-Überschuss-Rechnung* ist eine Gewinnermittlungsmethode, mit deren Hilfe nicht buchführungspflichtige Unternehmer ihr unternehmerisches Ergebnis am Ende eines Wirtschaftsjahres ermitteln. Es gilt die Formel: Einnahmen abzüglich Ausgaben. Es greift das Zufluss-Abfluss-Prinzip im Sinne des § 11 EStG.

Einspruch Den *Einspruch* (z. B. gegen den Einkommensteuer-Bescheid) bezeichnet das Steuerrecht als Rechtsbehelf. Er räumt dem Steuerpflichtigen die Möglichkeit ein, die behördliche Anordnung, z. B. wegen fehlerhaften Inhalten, anzufechten.

Einstandspreis Als *Einstandspreis* wird der Bezugspreis von Gütern inklusive aller Preisabschläge wie z. B. Skonti oder Boni und zuzüglich aller erforderlichen Transportkosten bezeichnet.

Einzahlung Unter *Einzahlung* versteht man die Erhöhung des Zahlungsmittelbestandes (Kasse, Bank). Beispiel: Kunde zahlt bar.

Einzelkosten Zu den *Einzelkosten* gehören die Kosten, die einem Bezugsobjekt (hier: Kostenträger) direkt zugeordnet werden können. Beispiele: Fertigungslöhne, Werkstoffkosten.

Einzelwertberichtigung Die *Einzelwertberichtigung* dient der Forderungsneubewertung (konkrete Forderungen).

ELSTER *ELSTER* steht für: Elektronische Steuererklärung. Per ELSTER werden zum Beispiel Umsatzsteuer-und Lohnsteuer-Anmeldungen an die zuständige Finanzbehörde übermittelt.

Empfangsbevollmächtigter *Empfangsbevollmächtigte* sind Personen, die z. B. das Recht auf Zusendung einer Steuererklärung haben. Beispiel: Steuerpflichtiger bestellt seinen Steuerberater zum Empfangsbevollmächtigten.

Entgelt Das *Entgelt* stellt z. B. die Bemessungsgrundlage für die Ermittlung der Umsatzsteuer-Traglast dar.

Erstattung Bei einer *Erstattung* erhält z. B. ein Steuerpflichtiger den Anteil der Steuer zurück, welcher er überzahlt hat.

Erfolgskonten *Erfolgskonten* (Oberbegriff für Aufwands- und Ertragskonten) werden über das Gewinn- und Verlustkonto abgeschlossen wird. Mithilfe dieser Konten wird der unternehmerische Erfolg innerhalb einer Periode (z. B. Wirtschaftsjahr) ermittelt.

Erinnerungswert Unter *Erinnerungswert* versteht man in der Bilanzierung einen Wert (i. d. R. 1 EUR), mit dem das abnutzbare Anlagegut bewertet wird, nachdem es vollständig abgeschrieben wurde und weiterhin noch im Unternehmen eingesetzt wird.

Ertrag Unter *Ertrag* versteht das Rechnungswesen den Wertzuwachs eines Unternehmens. Ertragskonten werden über die Gewinn- und Verlustrechnung abgeschlossen. Beispiel: Der Kunde erhält eine Rechnung für eine ausgeführte Warenlieferung. Durch den Verkauf und die Erzielung des Umsatzes findet innerhalb des leistenden Unternehmens ein Wertzuwachs statt, der sich Gewinn erhöhend auswirkt.

Ertragshoheit Unter *Ertragshoheit* wird das Recht verstanden, über die steuerlichen Einnahmen verfügen zu dürfen. Beispiel: Die Gemeinde hat Ertragshoheit im Hinblick auf die Gewerbesteuer.

Ertragskonten *Ertragskonten* sind Konten, welche Erträge (sogenannte Wertzuwächse) ausweisen. Sie gehören zur Gruppe der Erfolgskonten. Beispiele: Umsatzerlöse, Zinserträge.

Export Unter *Export* versteht man z. B. den Warenverkauf über die nationalen Grenzen hinweg (innergemeinschaftliche Lieferung oder Ausfuhr).

Externes Rechnungswesen Das *externe Rechnungswesen* stellt die Buchführung dar, in welcher alle betrieblichen Geschäftsvorfälle nach den Grundsätzen der ordnungsgemäßen Buchführung (GoB) erfasst werden. Die Buchführung ist Teil des betrieblichen Rechnungswesen und gesetzlich vorgeschrieben. Ziel ist die Erstellung einer Bilanz, einer Gewinn- und Verlustrechnung (GuV) und (bei Kapitalgesellschaften) eines Anhangs.

Fälligkeit Die *Fälligkeit* gibt Auskunft darüber, bis zu welchem Zeitpunkt z. B. eine Steuerschuld beglichen sein muss.

Fahrtenbuch Das *Fahrtenbuch* dient dem Unternehmer zur Aufteilung von privaten und geschäftlichen Fahrten mit dem betrieblichen Pkw zum Zwecke der Besteuerung (unentgeltliche Wertabgabe).

Fertigungseinzelkosten Die *Fertigungseinzelkosten* sind Kosten im Rahmen des Fertigungsprozesses, welche dem Kostenträger direkt zugeordnet werden können. Beispiel: Fertigungslöhne.

Fertigungsgemeinkosten Die *Fertigungsgemeinkosten* sind Kosten im Rahmen des Fertigungsprozesses, welche dem Kostenträger nur mittels Zuschlagssatz zugeordnet werden können. Beispiel: Energiekosten.

Fertigungskosten Die Fertigungskosten setzen sich zusammen aus den Fertigungseinzel- und Fertigungsgemeinkosten.

Feststellungsbescheid Der *Feststellungsbescheid* stellt einen Verwaltungsakt zur Feststellung der Besteuerungsgrundlagen dar (siehe auch § 180 AO) [26].

Finanzgericht Das *Finanzgericht* entscheidet über die Rechtmäßigkeit steuerlicher Entscheidungen.

Finanzverwaltung Die *Finanzverwaltung* stellt die Gesamtheit aller Finanzbehörden dar.

First In – First Out *First In – First Out* steht für ein Verbrauchsfolgeverfahren, welches im Rahmen der Bewertung von Vorratsvermögen eingesetzt wird. Hierbei wird unterstellt, dass z. B. (datumsbezogen) zuerst gekaufte Handelsware auch als erstes veräußert wurde.

Fiskus *Fiskus* bezeichnet den Staat als Hoheitsträger im Hinblick auf finanzwirtschaftliche Aufgaben. Der Begriff *Fiskus* wird häufig als Synonym für die Finanzbehörde (Finanzamt) verwendet.

Fixe Kosten *Fixe Kosten* sind beschäftigungsunabhängig (unabhängig von der produzierten Menge). Sie sind ein Teil der Gesamtkosten (Gesamtkosten = variable Kosten + fixe Kosten). *Fixe Kosten* bleiben grundsätzlich in einem bestimmten Zeitraum konstant. Beispiel: planmäßige Abschreibung eines Anlagegutes.

Forderungen (auch: Forderungen aus Lieferungen und Leistungen) *Forderungen* sind Ansprüche des Unternehmers gegenüber einem Kunden nach Erbringung einer Lieferung oder sonstigen Leistungen.

Freiberufler *Freiberufler* sind Unternehmer, welche keine Buchführungspflicht besitzen. Nach § 18 EStG [13] üben sie einen Katalogberuf aus und erstellen am Ende ihres Geschäftsjahres eine Einnahmen-Überschuss-Rechnung. Sie sind nicht gewerbesteuerpflichtig. Beispiele: Ärzte, Steuerberater und Dozenten.

Freigrenze Die *Freigrenze* ist eine Grenze, bei deren Überschreiten die Folgen für den Gesamtbetrag eintreten. Beispiel: Gewinn aus privaten Veräußerungsgeschäften nach § 23 (3) S. 5EStG [14].

Fremdkapital Als *Fremdkapital* bezeichnet man Mittel zur Anschaffung von z. B. Vermögensgegenständen, die dem Unternehmen von fremden Dritten (z. B. Banken) zur Verfügung gestellt werden. Ausgewiesen wird das *Fremdkapital* auf der rechten Seite der Bilanz (= Kapitalseite) ausgewiesen. Beispiele: Verbindlichkeiten aus Lieferungen und Leistungen, Darlehen.

Gebühr Die *Gebühr* wird gezahlt für die konkrete Inanspruchnahme einer öffentlichen Leistung. Beispiele: Kfz-Zulassungsgebühr, Abfallgebühr.

Geldwerter Vorteil Der *geldwerte Vorteil (auch: Sachbezug)* bezeichnet den Vorteil eines Arbeitnehmers, den er aufgrund seines Arbeitsverhältnisses unentgeltlich erhält. Hierzu zählen z. B. die unentgeltliche Überlassung eines betrieblichen Fahrzeugs für Zwecke außerhalb des Unternehmens oder die kostenfreien Mahlzeiten in der Kantine. Der geldwerte Vorteil wird in der Regel in der Gehaltsabrechnung zum Bruttolohn hinzugerechnet. Auf Basis dieser erhöhten Bemessungsgrundlage erfolgt die Ermittlung der (erhöhten) Sozialversicherungsabgaben und Steuern. Der Betrag des geldwerten Vorteils wird nach Abzug der gesamten Lohnnebenkosten wieder subtrahiert. Ergebnis ist das Nettogehalt.

Gemeindesteuer *Gemeindesteuern* sind Steuern, die der Kommune/Gemeinde zur Verfügung stehen (Ertragshoheit).

Gemeinkosten Die *Gemeinkosten* sind – im Gegensatz zu den Einzelkosten – dem Bezugsobjekt nicht direkt zurechenbar. Beispiele: Gehalt der Sekretärin, Stromkosten.

Gemeinschaftssteuer *Gemeinschaftssteuern* sind Steuern, die Bund, Ländern und Gemeinden gemeinschaftlich zustehen.

Geringwertige Wirtschaftsgüter *Geringwertige Wirtschaftsgüter* sind bewegliche, abnutzbare Güter des Anlagevermögens, die einer selbstständigen Nutzung fähig sind. Sie werden im Sinne des § 6 (2) und § 6 (2a) EStG [4] abgeschrieben. Beispiele: Laptop, Tischrechner, Schreibtischlampe.

Gesamtbetrag der Einkünfte Der Gesamtbetrag der Einkünfte ist eine Zwischengröße im Rahmen der rechnerischen Ermittlung des zu versteuernden Einkommens.

Gesamtkosten Die *Gesamtkosten* stellen die Summe aus fixen und variablen Kosten innerhalb einer bestimmten Abrechnungsperiode dar. Man benutzt diesen Begriff im Rahmen der Kostenauflösung.

Es gilt allgemein: Kosten gesamt = Kosten fix + Kosten variabel.

Gesetzgebungshoheit Unter der Gesetzgebungshoheit versteht man das alleinige Recht, Gesetze zu erlassen. Beispiele: Bundesgesetz = Einkommensteuer; Landesgesetz = Hundesteuer.

Geschäftsbericht Der *Geschäftsbericht* beinhaltet grundsätzlich den zu veröffentlichenden Jahresabschluss und den Lagebericht eines Unternehmens nach Beendigung eines Wirtschaftsjahres.

Gewerbeanmeldung Bei der *Gewerbeanmeldung* handelt es sich um eine Anmeldung des Gewerbebetriebes bei der zuständigen Gemeinde.

Gewerbebetrieb Der *Gewerbebetrieb* ist ein Begriff aus dem Einkommensteuerrecht (§ 15 (2) EStG) [11]. Folgende Merkmale prägen den *Gewerbebetrieb*: Selbstständigkeit, Nachhaltigkeit, Gewinnerzielungsabsicht, Teilnahme am allgemeinen wirtschaftlichen Verkehr, keine freiberufliche oder sonstige selbstständige Tätigkeit und keine Ausübung von Land- und Forstwirtschaft.

Gewerbesteuer Die *Gewerbesteuer* gehört zur Gruppe der Ertragsteuern. Sie besteuert den Gewerbeertrag eines Unternehmens; wird jedoch nicht bei freiberuflich tätigen Unternehmern (z.B. Ärzten oder Dozenten) erhoben.

Gewerbesteuer-Hebesatz Als *Gewerbesteuer-Hebesatz* bezeichnet man die prozentuale Größe, welche man mit dem Gewerbe-Steuermessbetrag multipliziert, um im Anschluss die Gewerbesteuer-Schuld zu erhalten.

Gewerbetreibende Bei *Gewerbetreibenden* handelt es sich um Unternehmer, welche einen Gewerbebetrieb im Sinne des § 15 (2) EStG [11] ausüben.

Gewinnausschüttung Bei der *Gewinnausschüttung* handelt es sich um eine Verteilung des Gewinns an die Anteilseigner auf der Basis eines Gewinnverwendungsbeschlusses.

Gewinneinkünfte *Gewinneinkünfte* gehören zu den 7 Einkunftsarten im Rahmen der Einkommensteuer. Folgende Einkunftsarten werden hier unterschieden: Einkünfte aus Land- und Forstwirtschaft (§ 13 EStG) [21], Einkünfte aus Gewerbebetrieb (§ 15 EStG) [11] und Einkünfte aus selbstständiger Arbeit (§ 18 EStG) [15].

Gewinn- und Verlustrechnung Die *Gewinn- und Verlustrechnung (GuV)* ist ein Teil des Jahresabschlusses. In dieser Komponente werden Erträge und Aufwendungen zur Ermittlung des Gewinns oder Verlustes gegenüber gestellt.

Gewinnermittlungszeitraum Der *Gewinnermittlungszeitraum* ist die Periode, für die der betriebliche Gewinn/Verlust ermittelt wird.

Gewinn-Rücklage Als *Gewinn-Rücklage* werden Gewinne bezeichnet, die im Unternehmen erwirtschaftet, aber nicht an die Anteilseigner ausgeschüttet werden. Diese werden dem Eigenkapital zugeordnet. Man spricht auch von Gewinnthesaurierung.

Gewinnthesaurierung Als *Gewinnthesaurierung* werden Gewinne bezeichnet, die im Unternehmen erwirtschaftet, aber nicht an die Anteilseigner ausgeschüttet werden. Diese werden dem Eigenkapital zugeordnet (Gewinn-Rücklage).

Gläubigerschutzprinzip Das *Gläubigerschutzprinzip* ist auch als Vorsichtsprinzip bekannt. Hiernach müssen zum Bilanzstichtag Schulden eher höher und Vermögen eher niedriger bewertet werden. Grund hierfür ist, dass der Gläubiger nicht über die tatsächlichen unternehmerischen Verhältnisse hinweggetäuscht werden darf.

Grenzkosten Bei den *Grenzkosten* handelt es sich um Kosten, die durch die Produktion einer zusätzlichen Einheit (über die bisherigen Kosten hinaus) entstehen.

Grundfreibetrag Der *Grundfreibetrag* ist eine steuerliche Größe (Einkommensteuer) und findet sich in der Grund- und Splittingtabelle. Bis zur Höhe des *Grundfreibetrages* wird vom Steuerpflichtigen keine Einkommensteuer gezahlt.

Grundkosten Die *Grundkosten* sind im internen Rechnungswesen und im externen Rechnungswesen von Art und Höhe gleich. Es handelt sich um aufwandsgleiche Kosten (z. B. Fertigungslöhne).

Grundsätze der ordnungsmäßigen Buchführung Als *Grundsätze der ordnungsmäßigen Buchführung (GoB)* bezeichnet man die kodifizierten (gesetzlich vorgegebenen) und auch kaufmännischen Vorgaben, nach denen Bücher ordnungsgemäß geführt werden sollen. Beispiele: Keine Buchung ohne Beleg, Grundsatz der Übersichtlichkeit.

Grundsätze zur ordnungsmäßigen Führung und Aufbewahrung von Büchern, Aufzeichnungen und Unterlagen in elektronischer Form sowie zum Datenzugriff (GoBD) siehe BMF-Schreiben vom 14.11.2014 [32].

Gutglaubensschutz Rechtsbegriff aus der Rechtswissenschaft; Bedeutung: man kann dem Inhalt (z. B. Eintragung im Handelsregister) vertrauen.

GWG siehe: Geringwertige Wirtschaftsgüter.

Handelsgesetzbuch Das *Handelsgesetzbuch (HGB)* ist das Gesetz der Kaufleute. Es beinhaltet Vorgaben, die dem Gläubigerschutzprinzip (auch: Vorsichtsprinzip) genügen.

Handelsregister Das *Handelsregister (HR)* ist das Verzeichnis aller Kaufleute innerhalb eines Amtsgerichtsbezirks (§ 8 HGB) [12]. Es wird in zwei Abteilungen (Abteilung A: Einzelunternehmen / Personengesellschaften und Abteilung B: Kapitalgesellschaften) geführt.

Hauptbuch Das *Hauptbuch* beinhaltet alle betrieblichen Geschäftsvorfälle; es existiert eine sachliche Ordnung der verwendeten Konten.

Herstellungskosten *Herstellungskosten* definiert das Handelsrecht im § 255 (2) HGB:

„[…] (2) Herstellungskosten sind die Aufwendungen, die durch den Verbrauch von Gütern und die Inanspruchnahme von Diensten für die Herstellung eines Vermögensgegenstands, seine Erweiterung oder für eine über seinen ursprünglichen Zustand hinausgehende wesentliche Verbesserung entstehen. Dazu gehören die Materialkosten, die Fertigungskosten und die Sonderkosten der Fertigung sowie angemessene Teile der Materialgemeinkosten, der Fertigungsgemeinkosten und des Werteverzehrs des Anlagevermögens, soweit dieser durch die Fertigung veranlasst ist. Bei der Berechnung der Herstellungskosten dürfen angemessene Teile der Kosten der allgemeinen Verwaltung sowie angemessene Aufwendungen für soziale Einrichtungen des Betriebs, für freiwillige soziale Leistungen und für die betriebliche Altersversorgung einbezogen werden, soweit diese auf den Zeitraum der Herstellung entfallen. Forschungs- und Vertriebskosten dürfen nicht einbezogen werden.[…]" [29].

Hilfsstoffe Zu den Hilfsstoffen zählen Leim, Farbe, Lack etc. Es handelt sich hierbei um notwendige Nebenbestandteile des Erzeugnisses.

Höchstwertprinzip Das *Höchstwertprinzip* ist eine Ausprägung des handelsrechtlichen Vorsichtsprinzips. Es dient der Bewertung der Passivposten in der Bilanz. Schulden werden eher höher bewertet.

Imparitätsprinzip Das *Imparitätsprinzip* ist ein Teil des Vorsichtsprinzips. Hiernach müssen nicht realisierte Verluste am Bilanzstichtag unbedingt in der Bilanz ausgewiesen werden. Beispiel: möglicher Ausfall von Forderungen.

Import Unter *Import* versteht man z. B. den Wareneinkauf aus dem Ausland (innergemeinschaftlicher Erwerb oder Einfuhr).

Input Unter *Input* versteht man z. B. die Summe der Produktionsfaktoren, die für Zwecke der Herstellung von Erzeugnissen eingesetzt werden.

International Financial Reporting Standards *International Financial Reporting Standards (IFRS)* sind international gültige und anerkannte Vorgaben für die Erstellung von grenzüberschreitenden Jahresabschlüssen. Hierdurch soll die internationale Vergleichbarkeit unterstützt und gewährleistet werden.

Internes Rechnungswesen Das *interne Rechnungswesen* ist ein Teil des betrieblichen Rechnungswesen und nicht gesetzlich vorgeschrieben. Mithilfe der Kosten- und Leistungsrechnungsrechnung wird z. B. der Anteil der Selbstkosten an der Produktion eines Erzeugnisses ermittelt, bevor ein endgültiger (gewinnbringender) Kaufpreis im Rahmen der Kalkulation errechnet wird. Die Statistik und die Planungsrechnung sind ebenfalls Bestandteil des internen Rechnungswesens.

Inventar Das *Inventar (§ 240 HGB) [30]* ist das detaillierte Verzeichnis aller Vermögensgegenstände und Schulden zum Bilanzstichtag. Aufgestellt wird dieses Inventurprotokoll in Staffelform.

Inventur Die *Inventur* ist eine Methode zur Verifizierung (Bestätigung) aller Vermögensgegenstände und Schulden zum Bilanzstichtag. Beispiele: Stichtagsinventur, Stichprobeninventur, Permanente Inventur.

Investition Unter *Investition* (lat. investire = einkleiden) versteht man die Anlage von Kapital in Gütern.

Investitionsabzugsbetrag Unter *Investitionsabzugsbetrag* versteht das Steuerrecht gemäß § 7g (1) EStG [19] die Möglichkeit einer Gewinnminderung im Vorfeld einer zukünftigen Investition (bewegliche Anlagegüter).

Istversteuerung Die *Istversteuerung* gilt als eine Versteuerungsform, bei welcher der Zeitpunkt der Vereinnahmung des Entgelts für die Besteuerung relevant ist. Sie ist überwiegend bei Freiberuflern oder Kleingewerbetreibenden zu finden, welche nicht buchführungspflichtig sind.

Jahresabschluss Der *Jahresabschluss* ist das Ergebnis der Buchführung. Dieser besteht bei Einzelunternehmern und Personengesellschaften mindestens aus Bilanz, Gewinn- und Verlustrechnung (GuV). Der Anhang muss zusätzlich bei Kapitalgesellschaften beigefügt werden.

Kalkulatorische Abschreibung Die *kalkulatorische Abschreibung* findet man in der Kostenrechnung. Ermittelt wird dieser Wert, in dem der Wert der Wiederbeschaffungskosten durch die betriebsgewöhnliche (nicht bilanzielle) Abschreibung dividiert wird. Es handelt sich um Anderskosten.

Kalkulatorische Kosten *Kalkulatorische Kosten* sind Kosten, die im Rahmen der Kostenrechnung berücksichtigt werden. Diese finden sich entweder nicht oder in nicht gleicher Höhe als Aufwand in der Gewinn- und Verlustrechnung.

Kalkulatorische Miete Die *kalkulatorische Miete* (Begriff aus der Kostenrechnung) dient zur Berechnung der Miete, die dem Unternehmer entgeht, wenn er in Eigentum befindliche Räumlichkeiten seinem Unternehmen unentgeltlich zur Verfügung stellt. Er verzichtet somit auf Mieteinnahmen fremder Dritter (Opportunitätskosten = Kosten für den entgangenen Nutzen).

Kalkulatorischer Unternehmerlohn Der *kalkulatorische Unternehmerlohn* ist eine Größe aus der Kostenrechnung. Mithilfe des *kalkulatorischen Unternehmerlohns* (Zusatzkosten) ermittelt der Unternehmer den Betrag, den er im Angestelltenverhältnis bei einem Konkurrenzunternehmen für die gleiche Tätigkeit verdient hätte.

Kalkulatorische Wagnisse *Kalkulatorische Wagnisse* gehören ebenfalls zur Kostenrechnung und finden sich nicht in der Buchführung. Berücksichtigt werden Einzelwagnisse (z. B. Gewährleistungswagnis, Forderungswagnis). Das allgemeine Unternehmerwagnis ist durch den Gewinn abgegolten.

Kalkulatorische Zinsen Die *kalkulatorischen Zinsen* dienen zur Bereitstellung des betriebsnotwendigen Kapitals. Hierzu ist ein interner Zinsfuß vonnöten. Der Begriff entstammt der Kostenrechnung. In der Finanzbuchführung werden hingegen nur die Zinsen für die Inanspruchnahme von Fremdkapital erfasst.

Kapital-Rücklagen Als *Kapital-Rücklagen* bezeichnet man Rücklagen, die einem Unternehmen von außen, z. B. durch Ausgabe neuer Aktien (Emission), zugeführt werden.

Kinderfreibetrag Der *Kinderfreibetrag* ist ein Betrag, den man im Rahmen der Berechnung des zu versteuernden Einkommens berücksichtigt. Er dient zur teilweisen steuerlichen Freistellung (§ 32 EStG) [33].

Klage Die *Klage* kann z. B. die Folge einer Ablehnung eines Einspruches durch das Finanzamt sein. Sie gilt als Rechtsmittel vor dem Finanzgericht.

Kleingewerbetreibende *Kleingewerbetreibende* sind Unternehmer ohne kaufmännische Organisation (Merkmale: mehrere Abteilungen, mehrere Mitarbeiter, viele Kunden, hohe Umsätze, hohe Gewinne u. a.). Sie sind nicht buchführungspflichtig und erstellen im Rahmen ihrer Aufzeichnungspflicht eine Einnahmen-Überschussrechnung (EÜR).

Kleinunternehmer Als *Kleinunternehmer* bezeichnet man diejenigen Unternehmer, welche Bruttoumsätze von weniger als 17.500,00 EUR im Vorjahr und im aktuellen Wirtschaftsjahr voraussichtlich nicht mehr als 50.000,00 EUR erzielen werden (§ 19 UStG) [1]. Diese Unternehmer sind nicht berechtigt, Umsatzsteuerbeträge auszuweisen und Vorsteuerbeträge vom Finanzamt zurückzufordern.

KLAR siehe: Kosten- und Leistungsrechnung oder Kostenrechnung.

Körperschaftsteuer Unter der *Körperschaftsteuer* (Ertragsteuer) versteht das Steuerrecht eine direkte Steuer, die vom Steuerpflichtigen (juristische Person, z. B. AG) selbst wirtschaftlich getragen wird. Sie gehört zur Gruppe der Gemeinschaftssteuern.

Kosten- und Leistungsrechnung Die *Kosten- und Leistungsrechnung* wird auch als Kostenrechnung bezeichnet. Sie ist Bestandteil des betrieblichen Rechnungswesens und nicht gesetzlich vorgeschrieben. Funktion: Informationsbeschaffung für die Entscheidungsträger innerhalb des Unternehmens.

Kostenrechnung Die *Kostenrechnung* wird auch als Kosten- und Leistungsrechnung bezeichnet. Sie ist Bestandteil des betrieblichen Rechnungswesens und nicht gesetzlich vorgeschrieben. Funktion: Informationsbeschaffung für die Entscheidungsträger innerhalb des Unternehmens.

Kostenstelle Als *Kostenstelle* bezeichnet man den Ort im Unternehmen, wo Kosten üblicherweise anfallen.

Kostenträger Als *Kostenträger* bezeichnet man z. B. das eigens produzierte Erzeugnis, die erbrachte Dienstleistung oder das durchgeführte Projekt, welche Kosten insgesamt auf sich vereint haben.

Kostenträgerrechnung Die *Kostenträgerrechnung* steht am Ende der Kalkulation. Mit deren Hilfe soll festgestellt werden, wie hoch die Kosten für das produzierte Erzeugnis waren.

Kostenträgerstückrechnung Als *Kostenträgerstückrechnung* wird z. B. die Kalkulation bezeichnet, mit deren Hilfe die Selbstkosten eines selbst erstellten Produktes ermittelt werden kann.

Kostenträgerzeitrechnung Mit der *Kostenträgerzeitrechnung* erfolgt die Ermittlung des Betriebsergebnisses für eine Abrechnungsperiode.

Kreditor Der *Kreditor* ist ein anderer Begriff (Synonym) für Lieferant.

Kreditorischer Debitor Als *kreditorischer Debitor* wird derjenige Kunde bezeichnet, welche eine Überzahlung seiner Rechnung vorgenommen hat. Es handelt sich um eine Verbindlichkeit. Der überzahlte Betrag muss dem Kunden zurück gezahlt werden.

Lagebericht Der *Lagebericht* (§ 264 HGB) [28] beinhaltet die aktuelle wirtschaftliche Situation inkl. Prognosen eines Unternehmens, die regelmäßig veröffentlicht (publiziert) werden müssen. Er ist Bestandteil des Geschäftsberichts (Rechnungslegungsinstrument).

Last In – First Out *Last In – First Out* steht für ein Verbrauchsfolgeverfahren, welches im Rahmen der Bewertung von Vorratsvermögen eingesetzt wird. Hierbei wird unterstellt, dass z. B. (datumsbezogen) zuletzt gekaufte Handelsware auch erst am Ende des Wirtschaftsjahres veräußert wurde.

Lineare AfA Die *lineare AfA* ist eine Abschreibungsmethode, bei der jährlich ein gleichbleibender Betrag als Werteverzehr/Aufwand berücksichtigt wird. Die Berechnung ermittelt man, indem die Bemessungsgrundlage (z. B. Anschaffungskosten des Gutes) durch die Nutzungsdauer (lt. AfA-Tabelle) dividiert wird.

Lohnsteuer Die *Lohnsteuer* ist die Steuer, die beim Arbeitnehmer durch den Arbeitgeber direkt an der Quelle abgezogen und an die Finanzkasse überwiesen wird. Sie gehört zur Gruppe der Abzugssteuern und wird auf die Einkommensteuer des Steuerpflichtigen angerechnet.

Lohnsteuer-Anmeldung Die *Lohnsteuer-Anmeldung* ist eine Anmeldung der fälligen Lohnsteuerbeträge beim zuständigen Finanzamt. Sie muss vom Arbeitgeber erstellt und per ELSTER an die Finanzbehörde übermittelt werden.

Lohnsteuer-Außenprüfung Bei einer *Lohnsteuer-Außenprüfung* werden die lohnsteuerlichen Sachverhalte innerhalb eines Unternehmens durch einen Lohnsteuer-Außenprüfer auf gesetzliche Richtigkeit hin geprüft.

Mahnung Die *Mahnung* stellt eine Zahlungserinnerung des Gläubigers dar.

Maßgeblichkeitsprinzip Das *Maßgeblichkeitsprinzip* besagt, dass die Handelsbilanz die Basis für die Erstellung der Steuerbilanz darstellt (§ 5 (1) EStG) [31].

Materialkosten Die *Materialkosten* sind Kosten des Materials, welche sich aus Materialeinzel- und Materialgemeinkosten zusammensetzt.

Materialeinzelkosten Die *Materialeinzelkosten* sind Kosten für Material, die dem Kostenträger direkt zugeordnet werden können. Beispiel: Rohstoffkosten.

Materialgemeinkosten Die *Materialgemeinkosten* sind Kosten, die dem Kostenträger nicht direkt zugeordnet werden können. Sie werden mit Zuschlagssätzen bei den Materialkosten berücksichtigt. Beispiele: Verpackung, Lager.

Mischkosten *Mischkosten* sind Kosten, welche sich aus variablen und fixen Teilen zusammensetzen und weder ausschließlich den fixen noch den variablen Kosten zugeordnet werden können. Man nennt diese Kosten auch semivariable Kosten. Beispiel: Stromkosten mit Grundgebühr und Arbeitspreis.

Nachhaltigkeit Tätigkeit mit Wiederholungsabsicht.

Nachträgliche Anschaffungskosten Zu den *nachträglichen Anschaffungskosten* zählen diejenigen Kosten, die nach Kauf des Anlagegutes anfallen und aktiviert werden müssen.

Nachzahlung Bei einer *Nachzahlung* muss z. B. ein Steuerpflichtiger den noch offenen Steuerbetrag begleichen.

Nebenbuch Das *Nebenbuch* existiert als Ergänzung (von bestimmten Konten) zum Hauptbuch. Beispiele: Anlagenbuch, Lohn- und Gehaltsbücher, Kontokorrentbücher.

Niederstwertprinzip Das *Niederstwertprinzip* ist eine Ausprägung des handelsrechtlichen Vorsichtsprinzips. Es dient der Bewertung von Gütern des Anlage- und Umlaufvermögens. Unterteilt werden kann dieses für den Jahresabschluss wichtige Prinzip in gemildertes und strenges Niederstwertprinzip.

Offenlegungspflicht Kapitalgesellschaften haben die *Offenlegungspflicht*, d. h. die Veröffentlichung des Geschäftsberichtes, zu beachten.

Option Als *Option* bezeichnet in umsatzsteuerlicher Hinsicht den freiwilligen Verzicht auf eine Umsatzsteuerbefreiung (§ 9 UStG) [2]. Aufgrund einer Option besteht die Möglichkeit des Vorsteuerabzugs.

Opportunitätskosten Unter *Opportunitätskosten* versteht man die Alternativkosten bzw. die Kosten für einen entgangenen Nutzen Beispiel: Kapital wurde nicht zinsbringend bei der Bank als Festgeld angelegt, sondern es wurden hiermit betriebliche Maschinen finanziert.

Passiva Als *Passiva* bezeichnet man die Kapitalseite (= rechte Seite) der Bilanz. Hier werden das Eigenkapital und die Verbindlichkeiten des Unternehmens ausgewiesen.

Passiver Rechnungsabgrenzungsposten Als *Passiver Rechnungsabgrenzungsposten (PRAP)* bezeichnet man ein Passivkonto in der Bilanz, welches zu Zwecken der periodengerechten Abgrenzung von Erträgen gebildet wird. Diesen Posten bezeichnet man auch als transitorischen Posten.

Passivkonto Als *Passivkonto* bezeichnet man ein Konto, welches sich auf der Kapitalherkunftsseite der Bilanz (Passivseite) befindet. Beispiel: Darlehen, Rückstellungen.

Passivtausch Als *Passivtausch* bezeichnet man eine Wertveränderung innerhalb der Bilanz, welche nur auf der Passivseite stattfindet. Beispiel: Lieferantenverbindlichkeit wird in ein kurzfristiges Darlehen umgewandelt (Umschuldung).

Pauschalwertberichtigung Die *Pauschalwertberichtigung* dient der Forderungsneubewertung (z. B. bei Forderungsgruppen).

Poolabschreibung Die *Poolabschreibung (§ 6 EStG) [4]* ist eine Abschreibungsmethode, welche bei den GWG-Sammelposten angewendet wird. Abgeschrieben wird in Höhe von 20 % pro Jahr, also über 5 Jahre. Es erfolgt keine zeitanteilige Abschreibung.

primäre Kosten *Primäre Kosten* sind Kosten für Produktionsfaktoren, die ein Unternehmer vom Beschaffungsmarkt bezieht, anstatt diese selbst herzustellen. Beispiele: Löhne und Gehälter (sowie Lohnnebenkosten), Kapitalkosten.

pro rata temporis Als *pro rata temporis* bezeichnet man die zeitanteilige Abschreibung von weniger als 12 Monaten, sofern sich das abnutzbare Anlagegut nicht das ganze Wirtschaftsjahr über im Unternehmen befunden hat.

Prüfungsanordnung Mit einer *Prüfungsanordnung* wird z. B. eine Außenprüfung/Betriebsprüfung eingeleitet.

Publizitätspflicht Mittelgroße und große Kapitalgesellschaften haben für ihren Jahresabschluss die *Publizitätspflicht* nach dem Publizitätsgesetz (PublG) zu beachten.

Quellensteuer Die *Quellensteuer* ist auch als Abzugssteuer bekannt. Beispiel: Kapitalertragsteuer.

Rabatt Als *Rabatt* bezeichnet man einen sofort abzugsfähigen Preisnachlass. Beispiel: Mengenrabatt, Treuerabatt, Saisonrabatt.

Realisationsprinzip Das *Realisationsprinzip* ist ein Teil des handelsrechtlichen Vorsichtsprinzips. Es besagt, dass nur am Bilanzstichtag realisierte Gewinne in der Bilanz ausgewiesen werden dürfen.

Rechnungswesen Das *Rechnungswesen* wird unterteilt in internes und externes Rechnungswesen. Das interne Rechnungswesen ist zukunftsorientiert und weitestgehend ohne gesetzliche Vorgaben zu erstellen. Demgegenüber steht das externe (vergangenheitsorientierte) Rechnungswesen, welches Zahlenmaterial für fremde Dritte bereithält. Dieser Teil des Rechnungswesens ist gesetzlich vorgeschrieben (HGB, AO).

Rechtsbehelf Als *Rechtsbehelf* bezeichnet man die Möglichkeit, eine behördliche Anordnung anzufechten. Beispiel: Einspruch gegen den Einkommensteuer-Bescheid.

Rechtsbehelfsfrist Als *Rechtsbehelfsfrist* bezeichnet man den Zeitraum, in dem der Steuerpflichtige das Recht hat, ein Rechtsmittel (z. B. Einspruch) gegenüber dem Finanzamt einzulegen, um seine Rechte einzufordern.

Rechtsbehelfsbelehrung Als *Rechtsbehelfsbelehrung* bezeichnet man den Hinweis z. B. auf einem Steuerbescheid, bis zu welchem Zeitpunkt ein Rechtsmittel (z. B. Einspruch gegen vorliegenden Bescheid) wirksam eingelegt werden muss.

Revision Die *Revision* ist ein Rechtsmittel vor dem Bundesfinanzhof. Ihr ist eine Klage beim Finanzgericht vorangegangen.

Rumpfwirtschaftsjahr Als *Rumpfwirtschaftsjahr* bezeichnet man einen Zeitraum von weniger als 12 Monaten, für den ein Jahresabschluss zu erstellen ist. *Rumpfwirtschaftsjahre* können bei Existenzgründung oder Betriebsaufgabe existieren.

Rücklagen Als *Rücklagen* bezeichnet man bestimmte Positionen im Eigenkapital. Man unterscheidet z. B. zwischen Gewinn- und Kapitalrücklagen.

Rückstellungen *Rückstellungen* sind zukünftige Verbindlichkeiten, die am Bilanzstichtag nur dem Grunde nach, jedoch nicht nach Höhe oder Fälligkeit bekannt sind. In der Bilanz findet man die Rückstellung auf der Passivseite der Bilanz (unterhalb des Eigenkapitals).

Sachbezug Der *Sachbezug (auch: geldwerter Vorteil)* bezeichnet den Vorteil eines Arbeitnehmers, den er aufgrund seines Arbeitsverhältnisses unentgeltlich erhält. Hierzu zählen z. B. die unentgeltliche Überlassung eines betrieblichen Fahrzeugs für Zwecke außerhalb des Unternehmens oder die kostenfreien Mahlzeiten in der Kantine. Der geldwerte Vorteil wird in der Regel in der Gehaltsabrechnung zum Bruttolohn hinzugerechnet. Auf Basis dieser erhöhten Bemessungsgrundlage erfolgt die Ermittlung der (erhöhten) Sozialversicherungsabgaben und Steuern. Der Betrag des Sachbezuges wird nach Abzug der gesamten Lohnnebenkosten wieder subtrahiert. Ergebnis ist das Nettogehalt.

Schätzung Unter einer *Schätzung* versteht das Steuerrecht die Steuerschätzung z. B. für den Fall, dass ein Steuerpflichtiger keine Steuererklärungen zwecks Veranlagung bei der Finanzbehörde einreicht.

Geregelt ist die Schätzung im § 162 AO [27].

sekundäre Kosten Zu den *sekundären Kosten* zählen Kosten für Produktionsfaktoren, welche ein Unternehmen selbst herstellt. Sie werden im Rahmen der innerbetrieblichen Leistungsverrechnung auf die Endkostenstellen verteilt. Beispiel: selbst durchgeführte Reparaturen an Maschinen.

Selbstkosten Die *Selbstkosten* sind Kosten, die ein Unternehmer für die Produktion eines Erzeugnisses aufbringen muss.

Skonto *Skonto* ist ein Preisnachlass bei fristgerechter Zahlung. Dieser Preisnachlass darf erst bei Zahlung in Abzug gebracht werden. Es handelt sich hierbei um einen sehr teuren Lieferantenkredit.

Sollversteuerung Unter *Sollversteuerung* oder Versteuerung nach vereinbarten Entgelten handelt es sich um eine Versteuerungsform, bei welcher der Zeitpunkt der Vereinnahmung des Entgelts für die Besteuerung unerheblich ist (Regelfall). Es steht hier die Leistung im Vordergrund, nicht die Zahlung.

Sondereinzelkosten Unter *Sondereinzelkosten* versteht man Kosten, die aus zeitlicher Betrachtung unregelmäßig anfallen und unterschiedlich hoch sein können.

Sonstige Forderungen Die *sonstige Forderung* ist ein Aktivposten in der Bilanz, welcher zur periodengerechten Abgrenzung von Erträgen dient. Dieses Konto wird auch als antizipativer Posten bezeichnet.

Sonstige Verbindlichkeiten Die *sonstigen Verbindlichkeiten* stellen einen Passivposten in der Bilanz dar, welcher zur periodengerechten Abgrenzung von Aufwendungen dient. Dieses Konto wird auch als antizipativer Posten bezeichnet.

Sprungfixe Kosten Bei den *sprungfixen Kosten* handelt es sich um Kosten, die in bestimmten Bereichen (= Intervallen) konstant bleiben, aber zwischen diesen Bereichen auf ein anderes Niveau „springen" können. Beispiel: Kauf einer neuen Maschine, um die Produktionskapazitäten zu erhöhen.

Steuern Unter *Steuern* versteht das Steuerrecht nach § 3 (1) AO „[...] Geldleistungen, die nicht eine Gegenleistung für eine besondere Leistung darstellen und von einem öffentlich-rechtlichen Gemeinwesen zur Erzielung von Einnahmen allen auferlegt werden, bei denen der Tatbestand zutrifft, an den das Gesetz die Leistungspflicht knüpft; die Erzielung von Einnahmen kann Nebenzweck sein[...]" [17].

Steuerpflichtiger Ein *Steuerpflichtiger* ist eine Person, welche eine Steuer schuldet, für diese haftet oder für Rechnung eines Dritten einzubehalten und abzuführen hat § 33 (1) AO [3]. Beispiele: Nichtunternehmer, welcher seine Einkünfte aus Kapitalvermögen im Rahmen seiner Einkommensteuer zu erklären hat.

Steuerträger Ein *Steuerträger* ist die Person, welche durch die Steuer schlussendlich wirtschaftlich belastet wird (zum Beispiel der nicht zum Vorsteuerabzug berechtigte Zahnarzt oder der Nichtunternehmer).

Stille Reserven *Stille Reserven* sind aus der Bilanz nicht ersichtlich. Sie entstehen aus der Unterbewertung von Aktiva (Aktivposten) bzw. aus der Überbewertung der Passiva (Passivposten). Sie sind auch als sogenannte Bewertungsreserven bekannt.

Stückkosten *Stückkosten* sind Kosten pro produzierter Einheit.

Summe der Einkünfte Die *Summe der Einkünfte* ist auf dem Gebiet der Einkommensteuer eine Zwischengröße bei der Berechnung des zu versteuernden Einkommens, bei der die Einkünfte aus den vorhandenen 7 Einkunftsquellen addiert werden.

Teilnahme am allgemeinen wirtschaftlichen Verkehr Ein Unternehmer, welcher am *allgemeinen wirtschaftlichen Verkehr* teilnimmt, ist Anbieter und Nachfrager von Gütern und Dienstleistungen am Markt.

Teilwert Der *Teilwert* gehört zur Gruppe der Bewertungsmaßstäbe. Er gilt als ein Betrag, den ein Erwerber eines gesamten Betriebes im Rahmen des Gesamtkaufpreises für das einzelne Wirtschaftsgut ansetzen würde. Es ist bei der Bewertung davon auszugehen, dass der Unternehmer das Unternehmen fortführt und dieses nicht aufgibt (§ 6 (1) Nr. 1 S. 3 EStG) [4].

Traglast Die *Traglast* oder Umsatzsteuer-Traglast bezeichnet den Umsatzsteuerbetrag auf den erzielten Erlös (Entgelt).

Transaktionskosten Zu den *Transaktionskosten* gehören die Kosten, die im Zusammenhang mit einen Geschäftsabschluss stehen (z. B. Informationskosten).

Transitorischer Posten lat.: *transire* = hinübergehen; Aktive Rechnungsabgrenzungsposten (ARAP) sind transitorische Posten, die der periodengerechten Abgrenzung von Aufwendungen dienen.

Überschusseinkünfte Zu den *Überschusseinkünften* zählen: Einkünfte aus nicht selbstständiger Arbeit (§ 19 EStG) [1], Einkünfte aus Kapitalvermögen (§ 20 EStG) [23], Einkünfte aus Vermietung und Verpachtung (§ 21 EStG) [24] und Sonstige Einkünfte (§ 22 EStG) [25]. Der Überschuss errechnet sich nach der Formel: Einnahmen abzüglich Werbungskosten. Nur bei den Einkünften aus Kapitalvermögen wird anstatt der tatsächlichen Werbungskosten ein sogenannter Sparer-Pauschbetrag in Abzug gebracht.

Umlaufvermögen Das *Umlaufvermögen* (auf der linken Seite der Bilanz) umfasst alle Gegenstände, die am Abschlussstichtag dazu bestimmt sind, dem

Geschäftsbetrieb nur vorübergehend, d. h. weniger als ein Jahr dienen. Beispiele: Forderungen aus Lieferungen und Leistungen, Waren, Bank u. a.

Unentgeltliche Wertabgabe Die *unentgeltliche Wertabgabe* ist auch bekannt unter dem antiquierten Begriff „Eigenverbrauch". Hierunter versteht man die unentgeltliche Entnahme von Gütern und Dienstleistungen durch den Unternehmer aus dem eigenen Unternehmen für außerbetriebliche (private Zwecke). Der *Eigenverbrauch* unterliegt der Versteuerung (z. B. Umsatzsteuer, Einkommensteuer).

variable Kosten Die *variablen Kosten* sind beschäftigungsabhängige Kosten und ein Teil der Gesamtkosten (Gesamtkosten = variable Kosten + fixe Kosten). Sie steigen und fallen mit der der Ausbringungsmenge (Output). Beispiel: Kosten für Rohstoffe.

Veranlagungssteuer Die *Veranlagungssteuer* wird im Gegensatz zur Abzugssteuer (Besteuerung an der Quelle) aufgrund eines Veranlagungsverfahrens (Ermittlung und Festsetzung der Steuer) erhoben. Beispiele: Einkommensteuer, Körperschaftsteuer.

Veranlagungsverfahren Das *Veranlagungsverfahren* beinhaltet die Ermittlung und Festsetzung einer Steuerschuld in einem förmlichen Verfahren.

Verbindlichkeiten (auch: Verbindlichkeiten aus Lieferungen und sonstigen Leistungen) *Verbindlichkeiten* sind Ansprüche eines Gläubigers gegenüber einem Unternehmer.

Verdeckte Einlage Die *verdeckte Einlage* ist eine einlagefähige Vermögenszuwendung an die Gesellschaft z. B. durch einen Gesellschafter-Geschäftsführer. Beispiel: unentgeltliche Übertragung eines Grundstücks aus dem Privatvermögen des Gesellschafters an die GmbH.

Verdeckte Gewinnausschüttung Als *verdeckte Gewinnausschüttung* bezeichnet man eine (erfolgswirksame) Vermögensminderung bzw. eine verhinderte Vermögensmehrung, die durch das Gesellschaftsverhältnis veranlasst ist. Sie beruht nicht auf einem offenen Gewinnverwendungsbeschluss. Beispiel: Unverzinsliches Darlehen der Gesellschaft an den Gesellschafter-Geschäftsführer.

Voranmeldungszeitraum Als *Voranmeldungszeitraum* bezeichnet man den Zeitraum, für welchen eine Voranmeldung (z. B. eine Umsatzsteuer-Voranmeldung) beim Finanzamt einzureichen ist. Dieser kann vierteljährlich oder monatlich sein (§ 18 UStG) [15].

Vorsichtsprinzip Das *Vorsichtsprinzip* ist auch als Gläubigerschutzprinzip bekannt. Hiernach müssen Schulden zum Bilanzstichtag eher höher und Vermögen eher niedriger bewertet werden. Grund hierfür ist, dass der Gläubiger nicht über die tatsächlichen unternehmerischen Verhältnisse hinweggetäuscht werden darf.

Vorsteuer Als *Vorsteuer* (= Umsatzsteuer des Vorgängers) werden die Umsatzsteuerbeträge bezeichnet, die ein umsatzsteuerpflichtiger Unternehmer bei Einkauf im Rahmen des Kaufpreises zahlt und von ihm im Rahmen der Umsatzsteuer-Voranmeldung vom Finanzamt wieder zurück gefordert werden können. Kurz: die Vorsteuer ist eine Forderung gegenüber der Finanzbehörde. Geregelt ist der Vorsteuerabzug im § 14 UStG [5].

Werbungskosten Als *Werbungskosten* bezeichnet das Steuerrecht diejenigen Kosten, die zum Erwerb, Sicherung und Erhaltung der Einnahmen geleistet werden (§ 9 EStG) [2].

Wiederbeschaffungskosten Als *Wiederbeschaffungskosten* werden Kosten bezeichnet, die für ein Sachanlagegut voraussichtlich in der Zukunft zu zahlen sind. Diese Größe ist insbesondere in der Kosten- und Leistungsrechnung relevant.

Wirtschaftsjahr Als *Wirtschaftsjahr* bezeichnet man den Zeitraum, für den regelmäßig Jahresabschlüsse erstellt werden. In der Regel beträgt dieser Zeitraum 12 Monate.

Zahllast Zieht der umsatzsteuerpflichtige Unternehmer von seiner Umsatzsteuer-Traglast die Vorsteuer ab, so erhält er die Zahllast oder Umsatzsteuer-*Zahllast*. Voraussetzung hierfür ist, dass die Traglast höher ist als die Vorsteuer.

Zeitanteilige Abschreibung Die *zeitanteilige Abschreibung* ist auch unter dem Begriff pro rata temporis bekannt. Sie wird angewendet, wenn sich das abnutzbare Anlagegut weniger als 12 Monaten im Betriebsvermögen befindet.

Zieleinkauf Unter *Zieleinkauf* versteht man im betrieblichen Rechnungswesen den Einkauf auf Rechnung, also ohne direkt die Verbindlichkeit durch Zahlung auszugleichen.

Zielverkauf Unter *Zielverkauf* versteht man im betrieblichen Rechnungswesen den Verkauf auf Rechnung. Der Kunde (Debitor) erhält für den Ausgleich einer Forderung ein Zahlungsziel.

Zufluss-Abfluss-Prinzip Beim *Zufluss-Abfluss-Prinzip* handelt es sich um eine steuerliche Vorschrift (§ 11 EStG) [22], bei der Einnahmen steuerlich zu dem Zeitpunkt zu erfassen sind, wo sie dem Steuerpflichtigen in den Machtbereich gelangt sind. Ausgaben sind zu dem Zeitpunkt zu subtrahieren, wo sie aus dem Machtbereich des Steuerpflichtigen abfließen.

Zusatzkosten Die *Zusatzkosten* findet man nur in der Kostenrechnung und niemals in der Buchführung. Beispiele: kalkulatorische Wagnisse, kalkulatorische Zinsen etc.

zu versteuerndes Einkommen Mit dem *zu versteuernden Einkommen (kurz: zvE)* bezeichnet man die Bemessungsgrundlage zur Ermittlung der persönlichen Einkommensteuer-Schuld.

Zweifelhafte Forderungen Zur Gruppe der *zweifelhaften Forderungen* gehören die Ansprüche an den Kunden, welche voraussichtlich nicht oder nur zum Teil einbringlich sein werden.

Fazit

2

Dieses *essential* ermöglicht Ihnen, sich schnell und unkompliziert über die relevanten Fachbegriffe aus dem Rechnungswesen und Steuerrecht zu informieren und sie bei Bedarf schnell noch einmal nachzuschlagen.

Ihrem kompetenten aktiven Einsatz dieses Fachvokabulars in Prüfungen und in der Praxis (z. B. im Rahmen einer Jahresabschluss-Besprechung) steht nun nichts mehr im Wege.

Ich wünsche Ihnen viel Erfolg beim Lernen und im beruflichen Alltag!

Mülheim-Kärlich, im Juni 2016

Karin Nickenig

© Springer Fachmedien Wiesbaden 2016
K. Nickenig, *Fachbegriffe Rechnungswesen und Steuerrecht*, essentials,
DOI 10.1007/978-3-658-14824-9_2

Was Sie aus diesem *essential* mitnehmen können

- Kurze und eingängige Erläuterungen zu relevanten Fachbegriffen des Rechnungswesens und des Steuerrechts
- Überblick über die Komplexität beider Themenbereiche
- Zahlreiche Beispiele zum besseren Verständnis

© Springer Fachmedien Wiesbaden 2016
K. Nickenig, *Fachbegriffe Rechnungswesen und Steuerrecht*, essentials,
DOI: 10.1007/978-3-658-14824-9

Literatur

1. https://www.gesetze-im-internet.de/ustg_1980/__19.html; Abruf am 26.05.2016.
2. https://www.gesetze-im-internet.de/ustg_1980/__9.html; Abruf am 26.05.2016.
3. https://www.gesetze-im-internet.de/ao_1977/__33.html; Abruf am 26.05.2016.
4. https://www.gesetze-im-internet.de/estg/__6.html; Abruf am 26.05.2016.
5. https://www.gesetze-im-internet.de/ustg_1980/__14.html; Abruf am 26.05.2016.
6. https://www.gesetze-im-internet.de/estg/__7.html; Abruf am 26.05.2016.
7. https://www.gesetze-im-internet.de/hgb/__253.html; Abruf am 26.05.2016.
8. https://www.gesetze-im-internet.de/ao_1977/__140.html; Abruf am 26.05.2016.
9. https://www.gesetze-im-internet.de/ao_1977/__141.html; Abruf am 26.05.2016.
10. https://www.gesetze-im-internet.de/hgb/__238.html; Abruf am 26.05.2016.
11. https://www.gesetze-im-internet.de/estg/__15.html; Abruf am 26.05.2016.
12. https://www.gesetze-im-internet.de/hgb/__8.html; Abruf am 26.05.2016.
13. https://www.gesetze-im-internet.de/ustg_1980/__18.html; Abruf am 26.05.2016.
14. https://www.gesetze-im-internet.de/estg/__23.html; Abruf am 26.05.2016.
15. https://www.gesetze-im-internet.de/ustg_1980/__18.html; Abruf am 29.05.2016.
16. https://www.gesetze-im-internet.de/ao_1977/__118.html; Abruf am 29.05.2016.
17. https://www.gesetze-im-internet.de/ao_1977/__3.html; Abruf am 29.05.2016.
18. https://www.gesetze-im-internet.de/estg/__32d.html; Abruf am 29.05.2016.
19. https://www.gesetze-im-internet.de/estg/__7g.html; Abruf am 29.05.2016.
20. https://www.gesetze-im-internet.de/estg/__4.html; Abruf am 29.05.2016.
21. https://www.gesetze-im-internet.de/estg/__13.html; Abruf am 30.05.2016.
22. https://www.gesetze-im-internet.de/estg/__11.html; Abruf am 30.05.2016.
23. https://www.gesetze-im-internet.de/estg/__20.html; Abruf am 30.05.2016.
24. https://www.gesetze-im-internet.de/estg/__21.html; Abruf am 30.05.2016.
25. https://www.gesetze-im-internet.de/estg/__22.html; Abruf am 30.05.2016.
26. https://www.gesetze-im-internet.de/ao_1977/__180.html; Abruf am 30.05.2016.
27. https://www.gesetze-im-internet.de/ao_1977/__162.html; Abruf am 30.05.2016.
28. https://www.gesetze-im-internet.de/hgb/__264.html; Abruf am 31.05.2016.

© Springer Fachmedien Wiesbaden 2016
K. Nickenig, *Fachbegriffe Rechnungswesen und Steuerrecht*, essentials,
DOI: 10.1007/978-3-658-14824-9

29. https://www.gesetze-im-internet.de/hgb/__255.html; Abruf am 31.05.2016.
30. https://www.gesetze-im-internet.de/hgb/__240.html; Abruf am 31.05.2016.
31. http://www.gesetze-im-internet.de/estg/__5.html; Abruf am 01.06.2016.
32. http://www.bundesfinanzministerium.de/Content/DE/Downloads/BMF_Schreiben/Weitere_Steuerthemen/Abgabenordnung/Datenzugriff_GDPdU/2014-11-14-GoBD.html; Abruf am 01.06.2016.
33. https://www.gesetze-im-internet.de/estg/__32.html; Abruf am 01.06.2016.